Siegfried Eckert

neulich küsste ich gott

Siegfried Eckert, geboren 1963, arbeitet als Gemeindepfarrer in Bonn. Er ist Autor zahlreicher Bücher und Predigtstudien. Seit vielen Jahren ist er Synodalbeauftragter für den Kirchentag, Landessynodaler der Evangelischen Kirche im Rheinland und Vorsitzender der Gesellschaft für christlich-jüdische Zusammenarbeit e.V. in Bonn.

SIEGFRIED ECKERT

neulich küsste ich *gott*

BERÜHRENDE GEBETE

edition chrismon

Bibliografische Information der Deutschen Nationalbibliothek:
Die Deutsche Nationalbibliothek verzeichnet diese Publikation in der Deutschen Nationalbibliografie; detaillierte bibliografische Daten sind im Internet über http://dnb.d-nb.de abrufbar.

Printed in Germany

Das Buch wurde auf alterungsbeständigem Papier gedruckt.
Lektorat: Marlene Fritsch
Covergestaltung: Hansisches Druck- und Verlagshaus GmbH · Frankfurt am Main, Anja Haß
Innengestaltung: Formenorm, Friederike Arndt, Leipzig
Druck und Bindung: BELTZ Bad Langensalza GmbH

ISBN 978-3-96038-048-1
www.eva-leipzig.de

Vorwort

Beten ist für mich ein Nachhausekommen ins Wohnzimmer meiner Seele. Besonders innig gelingt mir dies in der Gemeinschaft von Taizé. Stundenlang kann ich dort in der Kirche sitzen, mich auf den Wogen der Gesänge treiben lassen, wie ein Süchtiger in die Magie der Stille eintauchen und einen Geist ein- und ausatmen, der nicht von dieser Welt ist. Wenn hingegen die Stunden des Alltags wie Papierschiffchen auf hoher See zwischen Flaute und Sturmtief dahintreiben, sieht das anders aus. Dann hält mich das Gebet höchstens über Wasser, hält es Ausschau nach besseren Zeiten und gerät zur Wünschelrute meiner Sehnsucht.

Lange Zeit stand meinem Beten die Vergangenheit im Weg. Unter dem Stichwort »Stille Zeit« übertrieb es mein freikirchlicher Jugendeifer und hinterließ verbrannte Erde. Die Form der Klage als Ventil der Ohnmacht und Wut half mir, neu Beten zu lernen angesichts einer Welt, deren Unrecht zum Himmel schreit. Seither stehe ich mit meinen Gebeten meist an der Furt des Zweifels. Wie Jakob am Jabbok ringen sie mit dem großen Unbekannten. Höchstens rückblickend kommt das Gefühl auf, als Gesegneter vom Platz zu gehen: hinkend.

Beten hilft mir, meine Sorgen loszulassen und sie in die Hände dessen zu legen, der alles in Händen hält. Solche Erleichterung setzt Kräfte frei für einen tätigen Glauben. Händefalten ist ja nicht Däumchendrehen, sondern »Kontemplation und Kampf«. Herzensanliegen meiner Predigten packe ich mehr denn je ins Fürbittgebet.

»Das soll man nicht tun«, sagen die Experten. Ich hoffe, im Himmel sitzt keine liturigsche Prüfungskommissionen, sondern ein Vater, der offene Ohren für unsere Anliegen hat.

Beten ist das einfachste Ausdrucksmittel unseres Glaubens. Dafür braucht keiner nach Taizé zu fahren oder Theologie zu studieren. Es ist jederzeit möglich. Dieses Buch möchte in Versuchung führen, dem eigenen unaussprechlichen Seufzen Worte zu verleihen. »Es braucht Gebetbücher, weil beim Beten in unserer Zeit Wortnot herrscht«, antwortete mir einst ein kundiger Lektor auf meine Frage, ob es Bücher mit Gebeten überhaupt geben müsse.

»Am Anfang war das Wort«, wurde als Überschrift für die Reformationdekade gewählt. Trotz Bilderfluten und postfaktischer Gerüchteküchen will ich den Glauben an das Wort nicht zum Altpapier legen. »neulich küsste ich gott« war der Titel meines ersten Buches, eines Gedichtbandes, der 1985 erschien. »Gott in den Ohren liegen« überschrieb ich das erste Gebetbuch, das in einer überarbeiteten Fassung in der edition chrismon 2014 herauskam. In diesem Gebetbuch feiert ein mir vertrauter Titel Auferstehung, sind doch die Grenzen zwischen Gedicht und Gebet fließend. Sollte das eine oder andere Wort dieses Buches berühren, für Gänsehautmomente sorgen, gar etwas in der Welt verändern, ist dies dem zu verdanken, der tote Buchstaben zu neuem Leben erweckt. Deshalb heißt Beten in erster Linie: Gott loben.

Siegfried Eckert Frühjahr 2017

gott küssen

neulich
küsste ich gott

steckte ihm
einige groschen
für ein paar zigaretten zu

wischte ihm
die tränen
aus den augen

besuchte ihn
im krankenhaus

schenkte ihm
eine scheibe brot
für seinen knurrenden magen

lud ihn
in mein zimmer ein
auf eine tasse tee

du bist schön

du bist schön
weil augen dich ansehen
eltern dich wollten
hände dich formten
aus liebe und lehm

du bist schön
weil gottes geist in dir atmet
die falten der haut
deine geschichten erzählen

du bist schön
wenn die sonne
auf deinem gesicht erstrahlt
das lachen
über deine lippen huscht

du bist schön
wenn du
die hände faltest
um dein leben
wie ein kind
in die hand
deines schöpfers
zu legen

loslassen

herr
ich lasse los
zu allererst mich selbst
meine vorstellungen vom leben
meine vorurteile über andere
den neid auf so viele
die es besser haben als ich
meine sorge vor so vielen
die es schlechter haben als ich

herr
ich lasse los
meine vorbehalte
gegenüber meinen feinden
meine abhängigkeit
von meinen freunden
meine sehnsucht nach anerkennung
meine undankbarkeit trotz größtem glück

nimm in deine hände
was wehmütig ich dir überlasse
lege deinen segen auf alles
was dem frieden dient

keine angst haben

anstrengend ist es geworden
sich zu behaupten
im kampf um arbeitsplatz
und lebenschancen
auf schulhöfen und spielplätzen
die versuchung liegt nahe
sich anders zu geben
als man ist

christus befreie uns
vom zwang der selbstbehauptung
erlöse uns
von bösen mächten
die allen schaden

stumm sind wir geworden
haben uns verkrochen
in die kummerecke der resignation
wir trauen uns
nichts mehr zu
weil keiner mehr dem leben traut

unsichtbar sind wir geworden
im grau des alltags
hauptsache nicht auffallen
lautet die devise
damit einem nichts passiert

christus befreie uns
von der ohnmacht
die farblos macht
von der selbstverachtung
die den glauben klein hält
von dem misstrauen
den eigenen möglichkeiten gegenüber

keine angst
lass uns haben
und stattdessen
licht der welt
salz der erde
sand im getriebe
sein

gebet zur nacht

in dieser nacht
möge gott mich behüten
meine träume segnen
damit die anstehenden aufgaben
mir den schlaf nicht rauben

den nachtschwestern
und nachtwächtern
in stadt und land
gebe gott einen hellwachen geist
wenn sie für uns
wachen und beten
helfen und handeln

unserer schlaflosigkeit
stelle der ewig wachende
seine engel zur seite
damit einsame wege
in dunklen nächten
nicht zu schwer werden

der himmlische vater
gewähre allen
die ruhe der nacht
als quelle nie versiegender kraft
für die herausforderungen
des nächsten tages

marthas segen

der gott
der himmel und erde erschaffen hat
segne dein tun und unterlassen

wie der erhabene
wasser und land zu trennen wusste
lerne zu unterscheiden
den ruhetag von der arbeit
die unnötige sorge von der nötigen pflicht
die liebe zum nächsten
von der liebe zu dir selbst

unser vater
der alles sehr gut gemacht hat
und es gut mit dir meint
gönne dir
die schönen seiten des lebens

er lasse dich
genügend vorrat sammeln
für schwere zeiten

der engel des höchsten
besuche dich
in dunklen stunden
er schlage sein zelt
bei dir auf

er unterbreche
die teufelskreise deiner besorgungen
mit seinem
erlösenden wort

unglück

der ewig treue
behüte dich
er erlasse dir
die qual des mangels
und führe
deine trampelpfade
auf saftige auen

der erhabene ermuntere
deine erschöpfte seele
er zeige dir den ausweg

aus finsteren tälern
unerträgliches unglück
sei fern von dir

der sanfte hirte
salbe dein haupt
mit öl und schalom
er umgarne deine seele
mit wolleweichem segen

seine sonne erwärme
freunde und feinde
und erleuchte
die grünen auen
unserer gelehrsamkeit

aufwecken

wecke uns
am morgen
wohlbehalten auf
nachtwachender gott

reiche uns
ein glas voll perlenden glücks
etwas orangensaft zum frühstück
und mindestens
ein osterei

lasse
den betrogenen der nacht
im licht des tages
gerechtigkeit widerfahren

bis dahin
senke sich herab
dein abendfrieden

auf dich und mich
auf selbstgewisse und ungewisse
auf lebensmüde und lebensfrohe

hoffnungsgrund

der herr
über himmel und erde
segne dich
er lasse dein kriegsbeil ruhen
den ärger nicht
zum magengeschwür werden

der herr behüte dich
er trockne deine tränen
und lindere deine einsamkeit

der herr
lichte das dunkel in deiner seele
und schenke deinem hass
weiße fahnen

er sei dir gnädig
wenn niederlagen schmerzen
und enttäuschung zermürbt

der herr
sehe deinen kummer
und besänftige alle ungeduld

er gebe
wohlergehen deiner gesundheit
zufriedenheit deinem gemüt
und einen hoffnungsgrund
deinen zweifeln

resonanzboden

christus
türaufhalter und infragesteller
mutmacher und wehmütiger
in einer zeit voller herausforderungen
bitten wir dich
lass uns annehmen
was uns aufgegeben ist
lass uns wenigstens etwas tun
weil nichtstun unterlassene hilfeleistung wäre
lass uns standhalten
wo standpunkte gefragt sind
haltung zeigen
weil du uns hältst

demütig lass uns bleiben
weil hochmut keine lösung ist
schlage der meinungsvielfalt nicht
die kirchentür vor der nase zu
lass den menschenrechten in deinem haus
kein unrecht geschehen

christus
taufe unsere tägliche umkehr
mit deinem jordanwasser
entlasse vorbildliche vorhaben
aus dem land der kleingläubigkeit
unterstütze aufrechtes tun
mit deinem heiligen zorn

dies geschehe
auf dem resonanzboden
geistvoller glaubwürdigkeit
und hörender herzen

verwalten

geistreicher gott
knirsche als sand
im getriebe unserer terminkalender
lege trocken
die sumpfgebiete unserer erschöpfung
lass guten gedanken
die kraft zur tat innewohnen
und setze den kämpfen gegen windmühlen
ein ende

wehre den zwängen
sachdienliche einfälle abzuheften
zwischen aktendeckeln und paragrafenreitern
sie in staubigen archiven zu entsorgen

vieles bleibt auf der strecke
weil hohe damen und herren
bodenständige ideen
als leichen in ihren kellern verschwinden lassen

immer noch
sitzen zu viele torwächter
mit ihren rechenschiebern
hinter verchromten tischen
nehmen freigeister in sicherungsverwahrung
und querdenker
in den schwitzkasten ihrer verwaltungsordnung

so hat christi leib keine zukunft
da nützen die neueste software
und sündteure strukturreformen nichts

wie ein schlecht laufender schlachthof
muss diese art von kirche
bald geschlossen werden
weil der nachwuchs fehlt
und priestern die lämmer verlorengehen

bis dahin verwalten wir uns zu tode
frisst die organisation ihre gemeinden
und will es keiner gewusst haben
was da geschieht

du und ich

zuneigung
sich zugeneigt sein
kopf zu kopf
herz zu herz
leib zu leib
und dabei sich selbst zugeneigt bleiben
keine abneigung haben
vor dem was schwerfällt
vor dem was ich dir
was du mir
zu tragen aufgibst

auseinandersetzung
sich auseinander setzen
einander geheimnis bleiben
nicht zu weit auseinandergehen
sich nicht zu nahe sein

platz lassen
für genug dazwischen
für überraschende momente
für lustvollen streit
für wachstum und spielraum

einander nicht
die sonne rauben
das wasser abgraben
in angstbesetzter liebe verharren
du und ich
zuneigung und auseinandersetzung
ein notwendiges paar
immer noch
ein wundervogel

schlaganfall

bethlehemkind
von engeln angekündigt
von hirten erwartet
ein rufer in der wüste
ebnete dir die bahn
sein vater hielt den mund
nachdem ihm ein schlag im tempel traf
und gottes bote ihm verriet
das unaussprechliches unterwegs ist

schicke auch mir gott
einen engel vorbei
voll verschwebenden schweigens
der am altar meiner arbeit
all meinem reden
eine zwangspause verordnet
wie bei zacharias

himmlische flugbegleiter
sollen mir zur seite stehen
als gelehrte der stille
als spurenleser der ruhe
als wegweiser durch wüsten

im vorzimmer
meines wortlosen wartens
nehmen sie wohnung
sitzen sie zwischen allen stühlen
in den lücken brüllender sprachlosigkeit
bis die zeit reif ist
um auszusprechen
was zu sagen ist

so viel wir brauchen

hoch gelobter
verarzte
die zerkratzten hände
festige
die wankenden knie
besänftige
die verzagten herzen
verbanne
die feindbilder aus unseren köpfen
spinne goldene fäden
zwischen abrahams religionen
und ebne denen die bahn
die unter die räder kamen

hilf
den hilflosen helfern
öffne blinden flecken
die augen
lege verstopfte gehörgänge frei
bring lahme ins laufen
lass alte böcke über bäche springen
segne wüsten
mit frischer blütenkraft
alte handelsstraßen
mache sicher für fliehende
und lass unerlöste
gute lösungen finden

schwierigkeiten von alleinstehenden
lass nicht im regen stehen
ihren reiseproviant
beschütze vor wurmstichigkeit
und dein manna
backe jeden tag neu
so viel wir brauchen
mehr nicht
aber auch
nicht weniger

auferstehung

der auferstandene
segne dich
er öffne dir ohren
augen und herz

der lebendige behüte dich
er räume dir
den kummer zur seite
die schuld aus dem weg
die sorgen von deiner seele

gnädig sei dir unser herr
er besänftige kopfschmerz
und kopfzerbrechen
und befreie dich vom zwang
ständig mit dem kopf
durch die wand zu wollen

sein angesicht leuchte über dir
er stelle engel
an die gräber deiner toten
und schicke dir
am ende der zeit
menschen mit salböl ans sterbebett

der herr erhebe dein leben
über den tellerrand der uneinsichtigkeit
um zu erkennen
wie am anderen ufer
deine toten fröhlich tanzen
zu heimatlichen klängen

kirche im dorf

ganz klein fing alles an
mit zellteilungen
nahm das leben seinen lauf
mission war propaganda von mund zu mund
gottes dominoeffekt von haus zu haus

in rufweite wurde gepredigt
geheilt und gestorben
kollekte gesammelt
für notleidende in jerusalem
in rom starben märtyrer
noch ohne landeskirchenämter

im kleinen lag große kraft
in bethlehem kam
gottes windelwort zur welt
aus nazaret erwuchs jerusalem heil
mit einem winzigen weizenkorn
erklärte jesus gigantisches
tod und auferstehung

ich brauche keine megakirchen
keine powerpointpredigt
keine multimediashow
keine gemeinde auf dem markt
keine marktkonforme theologie

liebe zukunftstüftler
lasst mutter kirche im dorf
wenn ihr in euren hobbykellern
modelleisenbahn spielt
und das Rad
neu erfinden wollt

blickwinkel

der du
die sonne aufgehen lässt
über gute wie böse
der du das unkraut im weizen belässt
damit am ende der zeit
noch arbeit für die erntehelfer da ist

bewahre

den bauern in mir
vor der versuchung
vor aller zeit das unkraut zu jäten
entbinde mich vom zwang
die welt schwarz oder weiß
sehen zu müssen

unterbreche meine selbstjustiz
mache den augenblick blind in mir
der das vorschnelle urteil sucht
reiße nieder
die richterstühle

setze mir stattdessen
keimlinge der barmherzigkeit
auf meine verhornte herzhaut
damit ich
freund wie feind
aus dem blickwinkel deiner güte
zu betrachten vermag
und der balken in meinem auge
schrumpft

du siehst
und kennst mich besser
als mein spiegelbild
das sollte
zuversichtlich stimmen

untergang

du bist
die letzte macht
in meiner verzweiflung
das eintönige lied
auf meinen stummen lippen

dennoch halte ich mich fest
an meinen sichtweisen
werfe blicke wie messer
in richtung meiner feinde

gehe lieber damit unter
als den wackersteinen meiner vorurteile
lebewohl zu sagen

klammere mich
an der vergangenheit fest
wie die gekenterten der titanic
die im eismeer ihrer hoffnungslosigkeit
vergeblich nach treibholz suchten

kannst du
am holz hängender
uns vergeben

den schrägen blick
das falsche wort
das kalte herz

ansonsten
droht der nächste untergang
im treibsand erdenschwerer schuld

verwandlung

es segne dich
der erhabene
der trauer in freude verwandelt

es segne dich
die mütterliche
die ungewissheit in zuversicht verwandelt

es segne dich
der begleiter
der abschiede in neuanfänge verwandelt

denn nichts ist unmöglich
dem
der da glaubt

der erhabene
verwandele
deine tatenlosigkeit
in einen glauben der berge versetzt

er reiche dir
beim seewandel
seine hand
und schenke dir
ein wort
das deine seele heilt
und eine ganze welt
erschaffen kann

stolpersteine

der du
den geringen aufrichtest aus dem staub
den armen erhöhst aus dem schmutz

es ist nicht so
als hätten wir nichts damit zu tun
als wüssten wir nicht wie es geht
geringe gering zu achten
arme in armut zu halten

wir wissen es
was es heißt
einander zu achten
vorhandenes zu teilen
den stachel des unrechts zu ziehen
hochmütige zu fall zu bringen
nur tun wir es nicht

gefallener und auferstandener
vergib uns
unsere selbstgefällige gleichgültigkeit
das scheitern an
den alltäglichen stolpersteinen
unseres versagens

wir sagen
entschuldigung
ohne wenn und aber
weil wir alle
mehr oder weniger
arme bettler sind

verzagtheit

gott
lass uns fündig werden
in den schatzkammern der erinnerung
wenn der mut schwindet

lass uns auftanken
den atem
der alles ins leben rief
uns nie vergessen
was uns längst geschenkt ist

kandiere
wie auf der kirmes
den geist der verzagtheit
mit süßer besonnenheit

über
den schatten der ängstlichkeit
lass uns springen
wie kinder beim gummitwist
um auf der verheißungsvollen seite des lebens
sicher zu landen

für einen erfüllten augenblick
lass uns kraftvoll
liebevoll und
besonnen zubeißen

ohne furcht
vor karies
oder karriereknick

verfallsdatum

im morgengrauen lichtete sich der nebel
erschien alles neu
wurden gärtner zu engeln
engel zu göttern
entstiegen aus offenen gräbern
wie gespenster
unglaubliche geschichten

drei traurige gestalten
jede einzigartig wie ihr fingerabruck
standen mit wohlriechenden ölen
orientierungslos herum
ihr edler duft war dafür bestimmt
die ratten der verwesung zu vertreiben

ratlos blickten sie
in ein schwarzes loch
in den spiegel ihrer hoffnungslosigkeit

bis ein blitz einschlug
ein ruck durch ihr leben ging
sich engel in ihre herzen schlichen
und der endstation tod
neue gleise gelegt wurden

für einen augenblick
hieß es unter ihnen
sei der betrauerte unter den lebenden
gesichtet worden

freudetrunken verschenkten sie
ihre wellnessprodukte an bedürftigere
sie bedurften keiner teuren abwehrmittel mehr
gegen das verfallsdatum jedes leibes

denn auf morgenroten wiesen
war frühlingsfrisch ihre alte liebe neu erblüht
weil der himmel an einem gekreuzigten
die ewigkeit zur schau stellte

halbleere gläser

gott
wenn wir vom tod sprechen
schmecken wir das salz der trauer
auf unseren spröden lippen

erblinden wundgeweinte augen
im sog grauer melancholie

entschwinden
gut gemeinte hoffnungen
ins nimmerland der trostlosigkeit

erbarme dich gott
der klebrigen verzagtheit
der erschlafften muskulatur
des gekrümmten buckels

vergib
den erschöpften ihre erschöpfung
den kleingläubigen ihre mutlosigkeit
den blinden ihre blindheit

wenn wir
den wald vor lauter bäumen
nicht mehr sehen
und gar nicht anders können
als auf halbleere gläser zu starren

dann offenbare uns
in unseren herrgottswinkeln
wie reich jeder tag
aus deiner gütigen hand
trotz allem sein kann

genügsamkeit

wir haben
das geborgte haus auf dem rücken
längst den schnecken überlassen
nach der vertreibung aus dem paradies

im glücksfall konnten
irgendwo anders
neue nester gebaut werden

wir trockneten unsere tränenaugen
über verlorene ländereien
im wüstenwind teuer bezahlter einsamkeit

bis wir unser lager fanden
im unbesiedelten augenblick der gegenwart
ohne drohkulisse aus fluch und segen

im verlassenen zelt
eines alten ziegenhirten
hinter wehenden planen
stand eine kanne tee
neben einer dose
voller getrockneter blätter
auf der
in altdeutscher schrift
ein schwer leserliches wort stand

genügsamkeit

gott schauen

selig der mensch
der reinen herzens ist
er wird gott schauen

glücklich
wer gottes wirklichkeit
in einer unwirklichen welt
für möglich hält
zwischen den zeilen der anfechtung
hoffnungsspuren herausliest

selig der mensch
der im händefalten
seinen weg findet
mit dem stillen gegenüber der welt
das gespräch zu suchen

glücklich der mensch
der unter müllbergen von nachrichten
schneisen schlägt
um der ahnung von einer besseren welt
die tür aufzuhalten

selig die kirche
deren rituale gottes verborgenheit einspielt
die sich ihre finger schmutzig macht
um gestrauchelten aufzuhelfen
und entflohenen eine heimat zu bieten

selig der mensch
der dem zufall sich täglich neu öffnet
sein name heißt
kind gottes

seligpreisung

lasst uns erzählen
von den blinden
die sehend werden
von den lahmen
die auf die beine kommen
von den tauben
die wieder musik hören
von nach gerechtigkeit dürstenden
die aus dem vollen schöpfen
von erfrorenen im sozialamt
die am lagerfeuer der wertschätzung
wieder auftauen

lasst uns erzählen
von den sklaventreibern des freien marktes
die nur zögernd
ihre peitsche aus der hand legen
allein der krise geschuldet

lasst uns erzählen
von der ruhe
die vorhanden ist
für gottes volk
damit wir zur besinnung kommen
und endlich vernunft einkehrt
in diese irregeleitete welt

gottes frieden ist höher
als all unsere vernunft
er braucht unsere herzen
und all unsere sinne
um auf erden
einen nistplatz zu finden

regenbogen

der herr
segne unsere offenen häuser
ob sie auf sand
oder stein gebaut sind

er behüte
unsere füße
wenn ihnen die richtung fehlt

freundlich leuchte
sein angesicht über uns
denn ohne freundlichkeit
führt kein weg zum anderen

gnädig sei gott
weil ohne gnade
in keinem leben
die sonne aufgeht

in allem schenke der himmlische
uns das zeichen der taube
nach jeder sintflut

ihr friede wehe
über den schlachtfeldern unserer klagen

möge der maler des bunten bundes
jeden tag neu
seinen gnadenbogen
über unser bedürftiges leben
zaubern

mond

ich weiß nicht
wer ich bin
einer weiß es wohl
ich weiß nicht was wird
einer kennt das ziel

mein tagwerk rechtfertigt nichts
einer hält zu mir
wenn nichts mehr geht
muss ich keinem etwas beweisen
gott erweist mir seine treue

ich bin ein fehlbarer mensch
unfehlbarkeit ist unmenschlich
ich muss nicht bleiben was ich bin
jeder moment darf mich verändern

ich bin nicht schön
ich bin ein wunderschönes geschöpf gottes
in der welt habe ich angst
einer hat sie überwunden

es herrscht krieg
ich darf im frieden leben
der mond geht auf
meine sorgen legen sich schlafen

bleibe bei mir herr in dieser nacht
behüte mich
und meinen kranken nachbarn
wer sonst hält
über dieser welt die wacht

dazwischen

christus
menschenfreund und gottes sohn
von gegensätzlichen erwartungen
zerrissen
hängst du am kreuz
wie in einer zwickmühle
wo auch immer
du dich hinbewegst
nach oben oder unten
nach rechts oder links
du machst es keinem recht

kenner des himmels
gast auf erden
an dir scheiden sich die geister
weil die welt
anderen meinungsmachern
mehr vertrauen schenkt

während dein evangelium
zum altpapier verkommt
tanzen feingezwirnte herren um goldene kälber
ernennt das gutbetuchte volk
wirtschaftsweise zu erlösern

doch wenn blasen platzen
und banken wanken
will es keiner gewesen sein
haben es angeblich
alle schon immer gewusst

erlöse uns herr
von der lust am weltuntergang
vom gewinn auf kosten anderer
von der last
gut dastehen zu wollen
von der lüge des geldes
von der gier die unersättlich ist

schenke uns herzen
die
hören
sehen
und sprechen

durst haben

es ist gut durst zu haben
es ist gut einen brunnen zu suchen
es ist gut trinken zu können

höre nicht auf die
die deine sehnsucht
kleinreden

höre nicht auf die
die dir das lebendige wasser
abgraben wollen

es ist gut durst zu haben
es ist gut einen brunnen zu suchen
es ist gut trinken zu können

lass dich nicht entmutigen
durch die
die längst aufgegeben haben
die dich zur eile drängen
die dir bittere pillen für wasser verkaufen

es ist gut durst zu haben
es ist gut einen brunnen zu suchen
es ist gut trinken zu können

gib nicht auf
wenn du müde wirst
gib nicht auf
wenn alles zu lange dauert
gib nicht auf
wenn du dich nicht verstanden fühlst

zeigefinger

du naher und ferner
mal guter bekannter
mal großer unbekannter
wo auch immer du bist
wer auch immer du bist
wie auch immer du bist
halte in deinen armen
unsere toten gut fest
achte auf die fehltritte unserer kinder
lass der zukunft die hoffnung
nie verloren gehen
und die erinnerungen nicht verwelken

bewahre uns
vor glühendem gotteseifer
vor dem einmaleins der neunmalklugen
vor volksmissionarischen maschinengewehren
damit das zarte pflänzchen gottessehnsucht
von niemandem zerstört wird

religion ist mehr als
räucherstäbchen und wellnessoase

dein salziges evangelium locke die naiven
aus der höhle ihres blinden vertrauens
und der vernunftmüde verstand
zerbreche nicht am kreuz der auferstehung

der zeigefinger deiner durchbohrten hand
gebe uns die richtung vor
in das morgenrot
erfreulicher aussichten

lassen

lasse
was du bist

lasse
wer du warst

lasse
was du sein wirst

entlasse die bilder
aus deinem kopf
die auf deiner galeere seit jahren
den takt der trommmel schlagen

lasse
gottes gnade
hineintropfen
in deinen ungestillten durst

und du wirst staunen
das gesicht im morgenrot
vor dem spiegel
bist du

das allein genügt

schlittschuhlaufen

in fürbitten für den anderen
heben wir sie auf
hoch hinauf
in den himmel unserer hoffnung

wir wünschen ihnen
das paradies auf erden
ein leben ohne schmerz
ziehen uns einander
die schuhe an für das kommende
für die wege aus stein

lasst uns dabei
nicht müde werden
an engel zu glauben
die uns auf händen tragen

bis der kummer
mit seinen nüssen
nach uns schmeißt
und der mandelbaum
seine blüten verliert
und wir
mitten im sommer
auf kaltkühlen seen
barfuß schlittschuhlaufen

mitten im leben

in der mitte angekommen
zähle ich die blätter blauer blumen
die nächte voller höhepunkte
die tage voller schweiß und not
klopfe an gottes ohr
voller dank und bitten
frage mich ob rote fäden mich führten
oder fragmente meinen weg pflasterten

schweigend sitze ich
vor dem schwarzbrot meiner jahre
an reich gedeckten tischen
stund um stund

genügen sollte es
umeinander zu wissen
solange in halbvollen gläsern
voller weinen und lachen
die eigenen kinder oben auf schwimmen
und kapriolen schlagen
im laufstall unseres glücks

nach wilden wirren zeiten
entscheidet am ende die liebe
in welches zimmer ich komme
im ewigen wolkenhaus

was soll ich mir
an meinem runden geburtstag
den kopf zerbrechen
über zwischenbilanzen
die ohne den wirt
gemacht werden müssten

ladehemmung

gott
mir ist mein hiersein
zum rätsel geworden
ziellos stolpere ich
von tag zu tag
von nacht zu nacht
nicht weihrauch gold und myrrhe
bringe ich mit
sondern fragen über fragen
in deinem stall
lass mich den mist abladen
der meine reise belastet

gerne würde ich
purzelbäume schlagen
handstand machen
mein hab und gut verschenken
dem landstreicher mein bett anbieten

doch ich habe eine ladehemmung
das leben ohne sparbücher zu riskieren
mein letztes hemd zu geben
der menschenfreundlichkeit
das regiment zu überlassen
friedenstauben ohne rückrufschein
an den start zu bringen

in bethlehem geborener
greife mir unter meine verschwitzten arme
helfe meiner mutlosigkeit auf die beine
das oh du fröhliche
kommt mir alle jahre
schwerer über die lippen

verlorene fäden

gott
mit menschenworten
und engelszungen
träumen wir von der liebe
von nichts anderem

wie reisende sitzen wir dabei
auf stillgelegten bahnhöfen
und schauen tatenlos
den abgefahrenen zügen
erster leidenschaften
hinterher

während die zugvögel
richtung süden ziehen
erkältet sich
die enttäuschung
im herbst des lebens

warum bleibt nie
was einmal war
warum nimmt im alter
die liebe nicht
als wohlgenährter schoßhund
unterm küchentisch platz
oder macht es sich
vorm fernseher gemütlich

oder schlüpft nächtens
leise unter die decke
genügsamer vertrautheit

du
glutofen erster funkenflüge
wer sucht nicht
nach den verlorenen fäden
des frühen glücks
wie der blinde nach der farbe

wer möchte nicht
das rot im faden
aufnehmen wollen
exakt an der stelle
als der gegebene schwur
aus leichtsinn
in die brüche ging

erbarme dich
herzensbrecher und herzensentzünder
unserer lieblosigkeit
und aller unzufriedenheit
die zu lange schon
unerhört
in unsäglicher bitterkeit baden

reich sein

du wohnst in mir
bevor ich auszog dich zu suchen
du kennst meine lebensgeschichte
bevor ich sie therapeuten anvertraute
in weiter ferne bist du mir nah

vielleicht
sehe ich den wald
vor lauter bäumen nicht
vielleicht
höre ich deine stimme
vor lauter worten nicht
vielleicht
bist du wahrhaftiger
als ich es wahrhaben will

vielleicht
bin ich reicher
als ich es
zu glauben vermag

du sagst
dein reich ist
schon mitten unter uns

inwendig in mir
unsichtbar in dir
gegenwärtig in uns

und doch nicht ganz
von dieser welt
warum eigentlich nicht

biergarten

es segne uns
der gemütliche gottvater
sein angesicht leuchte
humorvoll über allen

es segne uns
sein wasser in wein
verwandelnder sohn
was heute noch
groß und wichtig erscheint
ist bei ihm morgen schon
nichtig und klein

es segne uns
der heilige geist
der seine gemeinde
mit begeisterung trunken machte
er gewähre
unserem tun und lassen
die nötige gelassenheit

gott gebe uns
eine fröhlichkeit
die nicht alles
bierernst nehmen muss
und die seele
in sonnigen gärten
vor halbvollen krügen
auf belastbaren bänken
entspannt baumeln lässt

ende einer ausstellung

sterben lassen
loslassen
dich nicht halten wollen
mich nicht halten wollen

keine bilder festhalten wollen
von dir nicht
von mir nicht
von gott nicht
vom sterben nicht
vom leben nicht

zurückschauen mit wehmut
nach vorne blicken in demut
dir ein bild mitgeben
einen ausschnitt von dir
oliven mit mandelkernen

danken für die leihgabe
den mut
die irritation
das umspielen
von versagen und vergänglichkeit
von verwesung und verrat

sterben lassen
abschied nehmen
weil bilder kommen und gehen
wie menschen

aufbruch

lass dich fallen
in den rückenwind der hoffnung
von abrahams segen
dich segnen

fürchte nicht den rückblick
auf die landkarte vergilbter sorgenfalten
misstraue den wüstendämonen
die dir einflüstern wollen
vor altbösen feinden
geflohen zu sein

brich auf
von ur bis ins gelobte land
mit worten voll milch und honig
den dünnhäutigen mut
lass dir von maria aus magdala einbalsamieren

überlies nicht
im kleingedruckten
die hinweise auf salz und essig

halte auf deiner reise
die müden augen offen
für feurige engel
die vor deinem planwagen
segensgewiss
ihre zelte aufschlagen
stets unterwegs
auf den schwingen
uralter verheißungen

beschleunigung

herr
im meer der zeit
halten wir ausschau nach inseln
auf denen die entspannung wohnt

flutwellen der angst
überrollen das erschöpfte selbst
quälen die fantasie
auf der strecke zu bleiben
vom tempo des fortschritts
abgehängt zu werden
die nebenkosten
nicht mehr bezahlen zu können

erbarme dich
herr aller stunden
unseres gehetztseins
halte die stechuhren an
und jeden stechschritt
der uns unbarmherzig zu fall bringt

rüste ab das
immer mehr
immer schneller
immer neuer
immer weiter
immer schlanker
immer effektiver

das leben könnte so einfach sein
deshalb sehnen wir uns
nach zeltplanen aus jute oder leinen
nach fittichen die uns bergen
nach schultern die halt versprechen
nach dem ende aller beschleunigung

bis dahin
vertrauen wir dir
die weltzeit an
mit ihren toten
deren uhren schon jetzt
auf ewigkeit eingestellt sind

ihre zeit
liegt in deinen händen
unsere jahre
stehen in deiner schuld
dein erbarmen
regne herab
auf die wüsten
unserer müdigkeit

brutkasten

wenn die worte fehlen
weil das leben zuschlug
dann nimm mich gott
hinein in den wortschatz
deines glaubens
damit ich nicht verstumme
vor wut und schmerz

wenn das herz verstockt
weil es missbraucht wurde
dann nimm mich hinein
in den brutkasten deiner liebe
damit ich nicht erfriere
an der kälte der welt

wenn der weg versperrt ist
weil die sackgasse
keinen notausgang kennt
dann hebe mich hinweg
über den garstigen graben
der ausweglosigkeit

damit
meine müllreste an lebensmut
nicht unter die räder der raubritter geraten
und der altböse feind
keine macht
an mir findet

tunnelblick

manchmal
geht mir
der überblick verloren
mündet
meine sichtweise
in den berühmten
tunnelblick ein

halte du
irdischer blindenhund
und himmlischer seelsorger
meine augen
und meine seele
offen

damit sie
sehen können
wo der weg des himmels
für mich auf erden
entlangführt

es ist ja
nicht so
als ob alles
keinen sinn
machen würde

scherbenhaufen

wenn das leben
aus den fugen gerät
als scherbenhaufen
vor meinen füßen liegt
nicht heiß
nicht kalt
eher lauwarm dahinplätschert
und der fuß
nicht recht weiß
wohin der nächste schritt
zu setzen ist

stehe ich verloren da
im schlamassel meiner ansprüche

an wahrheit und redlichkeit
an perfektion und zwang

du kenner
gordischer verstrickungen
gekreuzigter und begrabener

entknote mein verschränktsein
entspanne meine sorgen
enttäusche meine erwartungen
damit ich nicht ertrinke
im schwarzen see
der ausweglosgikeit

reiche mir deine rettende hand
wie dem kleingläubigen petrus
diesem kieselstein
der übers wasser hüpfte
bevor er versank

sterbehilfe

lebendiger gott
wenn ich zu meinen gräbern gehe
unzählige fragen
als steine des anstosses
auf ihnen ablege
wartet mein unruhiges herz
auf antwort

lebendiger gott
wenn ich ohnmächtig am krankenbett stehe
rast das hirn vor verzweiflung
wächst der wunsch nach erlösung
suchen meine gedanken den knopf
der die tür zur ewigkeit öffnet
diese möglichkeit
lege ich in deinen schoß
mir sind die hände gebunden

lebendiger gott
an den grenzen des lebens
laviere ich ratlos herum
zwischen wenn und aber
greife den pflegern unter die arme
und falle
sterbebeschleunigern in die speichen

von mir wünschte ich
ob ich sterbebegleiter oder sterbender bin
nicht davonlaufen zu müssen
wenn das geschieht
was zu geschehen hat

dann sei du mein achtsamer sterbehelfer

sorge

wenn wir ruhen
weil die stürme
ihre kraft verlieren

und das alter
die faltigen tage
mit gelassenheit überzuckert

beginnen die jahre
ihre bilanzen
zu ziehen

wächst
eine neue sorge
wie unkraut
zwischen alten pflastersteinen

wir könnten
den gesegneten weg
verpasst haben

wie gut
dass jeder tag
seine eigene sorge hat
und gottes gedanken
nicht unsere sind

und seine wege
nicht unsere
sein müssen

können

alleskönnergott
aber nicht
allesmachergott

wir können
mit raketen zum mond fliegen
sterbenden die hand halten
die nabelschnur durchschneiden
gebrochene beine in gips legen
die saat aufs feld bringen
und anschließend die ernte einfahren

wir können nicht
eigenhändig fliegen
ewig leben
schöpfer sein
brüche heilen
gutes wetter machen

alleskönner sind wir
nichtskönner sind wir
dafür können wir nichts

außer dich
für alles nichtkönnen
um erbarmen zu bitten
und all unser können
demütig
unter deine gebote
zu stellen

konflikte

auf der suche
nach dem glück
gehen wir selten
über leichen
dennoch bleibt
vieles auf der strecke

beim ringen um frieden
fliegen worte
wie messer durch die luft
entfalten sie ihre sprengkraft
ohne zündschnur

zwischen brüdern und schwesterrn
zwischen west und ost
zwischen süd und nord
stapeln sich unzählige lügen
als leichen im keller

verarzte gott
die leichtfertigkeit unseres redens
die ungeduld bei schnellen lösungen
die ratlosigkeit im labyrinth der konflikte
die donnernde faust auf morschen tischen

irdische wege

unser vater im himmel
der all unsere irdischen wege kennt
er stehe dir bei
auf deinen wegen und umwegen
auf autobahnen und einbahnstraßen

er behüte dich
vor den gefahren des verkehrs
vor bösen überraschungen in der fremde

der herr lasse sein angesicht leuchten über dir
er schenke dir genug wärme für den tag
und ein kühles lüftchen in der nacht

gnädig sei er dir
wenn sorgen dich quälen
und fragen dich nicht schlafen lassen

der herr erhebe sein angesicht über dir
er sei dein vorderlicht
um den weg zu weisen
und dein rücklicht
um unglück von dir fern zu halten

friede schenke er
den ländern in die wir reisen
den völkern die wir besuchen
allen menschen in nah und fern

wechsel der jahre

im wechsel der jahre
häutet sich die erinnerung
verklären sich die schatten ratloser nächte
im rückspiegel milder betrachtungsweisen

im wechsel der jahre
werden alte taue gekappt
neue häfen erhofft
tritt die bitterkeit sich fest
verflüchtigt sich unser schmerz
unter dem deckmantel der auferstehung

im wechsel der jahre
verspricht der erste morgen
über schneeweißen feldern
voll unberührter frische
das geheimnis neuer erfahrungen

im wechsel der jahre
bleibt nicht alles beim alten
legt sich faltenwarm
meine betende hand
in die ohrmuschel
des uhrmachergottes
der unsichtbar an zeigern dreht
im sekundentakt seiner güte

notausgang

menschenkind
geboren unter fremdem dach
gezeugt von einem unbekannten
unehelich willkommen geheißen
gleich wieder auf der flucht vor denen
die sich ängstigten
mit dir könnte alles anders werden

wir sind gekommen
nicht weil wir alles schon wüssten
nicht weil wir besser sind als die anderen
nicht weil wir alles verstanden hätten

wir sind gekommen
weil unser leben bedüftig ist
weil unser leben verwundbar ist
wie deines es war

wir sind gekommen
weil unser leben nicht frei ist von schuld
während du in weißer weste
zu uns gekommen bist

wir sind deines erbarmens bedürftig
andere notausgänge sind nicht in sicht
aus den teufelskreisläufen dieser welt

rechtes auge

wie viele unschuldige schrien
aus dem rachen des todes
wie viele wurden vergast und vergraben
wie viele verhungerten
in den viehwagons der reichsbahn
während ihre synagogen und geschäfte brannten
hinter wie vielen vergessenen
schlossen sich ungesühnt die riegel der erde

warum wurde unser volk
in den höllenschlund unzähliger kriege geworfen
ging es im meer übergroßer schuld
mehrfach unter
folgte und folgt es falschen führern

die wogen und wellen der unvernunft
schlugen über uns hinweg wie über jona
wir waren taub für gottes ruf
bis heute sind wir
auf dem rechten auge blind
dürfen menschenverachtende brandstifter
in öffentlich-rechtlichen talkshows zündeln

der turm unserer schuld
reicht tief in die wolkendecke hinein
der abgrund blutroter scham
führt uns täglich
in bodenlose rätselhaftigkeit herab

wir falten die hände wie kinder naiv zum gebet
anstatt widerstand zu leisten
bevor alles zu spät ist

ungleichzeitigkeit

gott
es gibt viel zu lernen
von dir
vom leben
vom schicksal
mit seinen überraschungseiern
und zufälligen überfällen

alles hat ein ende
umso dringlicher
sucht mein leben nach einem ziel
spielt die zeit verrückt
verläuft vieles anders als ich will
verrinnt die zeit nicht schnell genug
finde ich den knopf nicht
um sie zu stoppen

und mitten
in solcher ungleichzeitigkeit
sitzen wir zwischen
krebsdiagose und schwangerschaftstest
schulanfang und ruhestand
mehr oder weniger erfolgreich
mehr oder weniger zielsicher
mehr oder weniger schuldig

unser anfang und ende
vor allem alles dazwischen
brauchen dein erbarmen
zu jeder zeit

wolkenworte

worte im knisternden bonbonpapier
sauber verpackt
stück für stück
liegen sie im schaufenster
meines süß-sauren lebens

schmecken
nicht jedem
mal zu süß
mal zu sauer
je nach geschmack

ich wiege sie ab
mit den gewichten der alten bäckersfrau
die meinen schulweg säumte
gesalzen mit ewigkeit
gepfeffert mit vergänglichkeit
stoßen sie bitter auf
ecken sie kantig an
gehen sie runter wie öl
mal so und mal so

meinem mundwerk entlaufen
irren sie wie fahnenflüchtige
ohne maulkorb umher

immer dem wort
hinterher
das in einem stall
fleisch wurde
betteln sie um einlass
in das reich der verheißung
in den himmel voller wolkenworte

rätselraten

wenn
die rätsel zu groß werden
weil erklärungen nicht fruchten
und mir die demut fehlt
die fragen auszuhalten
dann nimm mich hinein
in ein schweigen
das mich staunen lässt

unerforschlich
sind deine wege
unermesslich
ist deine fürsorge

unsichtbar
bist du

dennoch
bist du da
uneinsichtiger gott

bist du der
der du bist

finde mich
umarme mich
berühre mich

sei mir näher
als mein eigener atem

fernreise

seewandelnder christus
nimm uns mit in dein boot
lass die kinder zu dir kommen
segne ihre ersten schritte
lass sie wege und schulen finden
in denen fürs leben gelernt wird
herzen ihre verhärtung verlieren

sturmstillender christus
nimm uns mit in deine zuversicht
wenn alle zeichen auf sturm stehen
unser lebensgefühl landunter meldet
stelle unsere angst auf festen grund
beruhige und befriede
gier und geschrei

heimgekehrter christus
nimm uns mit in dein reich
wenn die wege auf erden
an ihr ende gelangt sind
halte deine tür uns weit auf

für ein dasein
unter goldenen dächern
schenke unserer letzten fernreise
deinen segen
und
ein gutes ziel

schuldscheine

kostenloser liebesgott
du hast mit kain weitergemacht
obwohl er abel erschlug

du hast mit noah
einen bund geschlossen
obwohl die menschen
keinen pfifferling mehr wert waren
du hast nach dem turmbau zu babel
trotz gößter sprachverwirrung
weiter das gespräch mit uns gesucht
du dennochgott
mögest du mit uns
weitermachen
wort halten
und schuld vergeben
wenn wir unseren schuldigern vergeben

lass dein rätselhaftes tun
uns nicht auf dem ticket
billiger gnade abbuchen
sondern vor dein kreuz tragen
an den ort
an dem der wechsel geschah
und ein unschuldslamm
unsere schuldscheine einlöste
weil sich im morgenrot des ostermorgens
noahs regenbogen versteckt hielt

ausquetschen

herr meiner lebenszeit
und meines lebensendes
jede sekunde des tages
ist ein geschenk von dir
in diesem jahr habe ich
gutes getan und böses unterlassen
schweres wurde erlebt
und vor noch schwererem wurde ich bewahrt
meine zeit war sinnvoll und sinnlos
gesegnet und verflucht

in deine hände lege ich
all das was war
all das was ist
all das was sein wird

herr meiner stunden und jahre
ich bitte dich nicht
mir mehr zeit zu schenken
ich bitte nur
um mehr gelassenheit
fülle jede stunde mit deiner gnade
nicht alles muss
bis an den rand ausgekostet werden

die kommende zeit möge
nicht nur pflicht und arbeit kennen
sondern mehr stille und spiel
für die menschen am rand meines lebens
bereithalten

ausquetschen wie eine zitrone
lass mich das kommende nicht

besitzstandsdenken

gott
du global player
deine arme stehen
für jeden menschen offen

wir hingegen bauen mauern
ziehen grenzzäune hoch
verabschieden gesetze
rollen stacheldraht an badestränden aus
um die not fernzuhalten
den sozialstaat
vor weltweiter überforderung zu schützen

trotz allem
wenn und aber
kommen wir nicht umhin
zu bekennen
dass wir mehr tun könnten
damit frieden und gerechtigkeit
auf erden sich küssen

unsere tore könnten wir höher
unsere herzen weiter machen

dafür benötigen wir
dein erbarmen gott
im blick auf unser versagen
im blick auf unsere engen grenzen
im blick auf unser
ängstliches besitzstandsdenken

anerkennungsbedürfnis

was macht mich unzufrieden
welcher sturm braucht stillung
dazu bedarf es
gewissheit und tiefgang

welche berührung tut not
welche nähe ist erträglich
dazu bedarf es
respekt und zeit

welche umarmung tut gut
welche begrüßung entartet zum klammergriff
dazu bedarf es
zärtlichkeit und distanzvermögen

welche liebe kann warten
welche gnade steht bevor
dazu bedarf es
wohlwollen und geduld

welcher himmel steht offen
welche jordantaube erwählt mich
dazu bedarf es
worte ohne nebengeräusche

herr du kennst unsere bedürfnisse
und verführbarkeiten
streue die asche der vergänglichkeit
als vorsichtsmaßnahme
auf das glatteis
meines ewig hungrigen
anerkennungsbedürfnisses

folgsam sein

gott
quelle der versöhnung
wir trauen uns viel zu
und vergessen dabei
wie viel an dir liegt
und wie wenig an uns

gott
quelle der wahrheit
wir trauen uns wenig zu
und vergessen dabei
wie viel uns geschenkt ist
um deinem ruf zu folgen

deshalb lass uns
abstand gewinnen
von all dem
dem wir blind folgen

lass uns
auf deine stimme hören
deine gebote achten
gehorsame schafe sein
die ihrem hirten folgen

nicht aus dummheit
sondern voller vertrauen

graue maus

wolkengott und feuerzauberer
wachtelbrater und mannabäcker
du führst uns tag und nacht
durch die wüstenzonen unserer notlagen
schützt uns vor der sonne des tages
leuchtest uns in der dunkelheit der nacht
vesorgst uns täglich mit brot

unsere sehnsucht nach leben
lässt du nicht verdursten

die gebeine unserer toten
finden bei dir ihre heimat
sklaventreibern nimmst du
die peitschen aus der hand
das joch der unterdrückung
verachtest du

menschen die verantwortung tragen
stellst du weggefährten zur seite
typen die ihre ordnung brauchen
ermutigst du zu ordentlichen lösungen
spöttern die deine kirche
als graue maus belächeln
zeigst du wie farbenfroh
es in ihr zugehen kann

gott der winde und gezeiten
mit brot und wein in händen
die hitze der wüste im rücken
dein offenes grab vor augen
stehen wir
mit der immer gleichen bitte vor dir

nähre uns mit der frucht des weinstocks
mit den körnern des weizens
sättige unsere sinne
unsere seele
und unseren verstand

schicksalsschlag

fassungslos stehen wir
auf neonbeleuchteten fluren
diagnosen schwirren wie flüche
durchs krankenhaus
schon die benennung dieses ortes
klingt ungesund

wir möchten wegrennen
uns wegducken
als könnten wir
den schicksalsschlägen entfliehen
sankt florian herbeibeten
er möge mein kleines leben verschonen

täglich hören wir
von katastrophen
steht die welt am abgrund
kann keine uno helfen
der papst keine wunder vollbringen

wir möchten wegrennen
uns wegducken
vor den düsteren prophezeiungen
dem elend ein fünkchen hoffnung
entgegensetzen

viel wäre schon gewonnen
wenn wir nach erfolgten einschlägen
die scham derer bedecken würden
die gnadenlos vor aller welt
entblößt wurden
denn das schicksal bleibt
ein mieser verräter

elias schweigen

in ruhe lassen
mich
dich
uns
alle vorhaben und pläne

in ruhe lassen
meine gier
meine selbstliebe
meinen eifer
damit ruhe einkehrt
in die schlaflosigkeit durchwachter nächte
in den schmerz über verpasste gelegenheiten
in das müde herz
dem der brennstoff ausgeht

in ruhe lassen
um dem schweigen ein ohr zu schenken
die seele aus der kummerhöhle zu locken
den löffel und mantel abzugeben
weil andere dran sind

abdanken verlangt
mehr stärke
als vierhundertfünfzig propheten
in die pfanne zu hauen

wie gut gott
dass du nicht ständig
im feuer wohnst
sondern auch
in der beredsamkeit
eines verschwebenden schweigens

shit storm

die gestrauchelten und gestrandeten
die gedemütigten und geknechteten
liegen heute noch
sinnlos herum
mittendrin hängst du
zwischen schächern und geschacher
mit offenen armen
die bis heute geöffnet sind
für alle und jeden

hosianna unser könig
schrien sie begeistert
die zaungäste mit begrenztem horizont

lazarus hast du auferweckt
seine kinder und kindeskinder
aus den grabkammern des trübsinns gerufen

erwecke du
uns todtraurige zu neuem leben
sollte jemand wieder jubelnd
am wegesrand stehen
rüste ihn mit palmwedeln aus
die keinen mehr
mit spott und hohn schlagen
entgifte die klatschpresse unserer tage
und den tödlichen shitstorm
in hysterischen netzen

übereinstimmung

der herr segne dich
er lasse dich umkehren
wenn sein ruf dich erreicht

der herr behüte dich
er stehe dir bei
in den verhandlungen
die eine baldige lösung brauchen

der herr lasse sein angesicht leuchten über dir
sein licht möge dir aufgehen
am ende des tunnels deiner angst

er schenke dir
die kraft zur vergebung
für deine kinder
für deinen partner
für deine toten

der herr begleite dich
mit seinen engeln
durch die dunklen täler der versuchung

er gebe dir frieden
er gewähre dazu deinem leben
die übereinstimmung
von wort und tat
von widerstand und ergebung

abdanken

unsere füße
von umwegen gezeichnet
betreten den teppich des ruhestands
zitternd stellen sich
die weichen neu
aufgestellte dienstpläne
schmecken nach kaltem kaffee
tote und täuflinge
sind anderen händen zu überlassen

alter arbeitseifer
schlägt das buch mit den sieben siegeln zu
greift zum frisch polierten flügelhorn
ihr tanzt wie früher tango und rumba

alles wird leichter

hoffnungen springen frisch begnadigt
über weißen sand
trampeln buchstaben in sanfte flächen
die botschaft des neuanfangs
können nur möwen entziffern

ABDANKEN

zufrieden gestimmt
ohne zorn und zaudern
von dankbarkeit getragen
sehen wir den einstigen felsen
leise übers wasser laufen
als gerufenen und gehaltenen
denn die zeit war reif
für ein Leben im anderen Stand

hintertür

christus
in deinem sinn
wollen wir gesinnt sein
unser leben teilen wie das brot
das du uns gebrochen hast

unsere unsicherheit
darf sich gründen
auf den grund
der durch dich gelegt ist

trotzdem laufen wir
anderen versprechungen hinterher
vertrauen wir
unzuverlässigen wetteraussichten
schließen wir uns mehrheitsmeinungen an
und lassen uns von politbarometern
die stimmung manipulieren
statt zur quelle zurückzuschwimmen

warum das so ist
vielleicht weil die kraft fehlt
der mut schwindet

deshalb wünscht sich
mein irrtum dein verzeihen
meine erschöpfung dein erbarmen
meine sackgasse
die hintertür deiner gnade

frucht bringen

es segne dich
der barmherzige gott
er lasse seine sonne aufgehen
über deine dornen und deinen weizen
über deine guten wie bösen seiten

der allmächtige
begeistere dich für sein reich
er schenke dir tiefe wurzeln
damit du die stürme des lebens
gut überstehst

unser gott
lasse deine stunden
auf gutes erdreich fallen
damit sie hundertfach frucht bringen
für dich
deinen nächsten
deinen feind

dazu schenke gott dir
guten grund und boden
und sein gedeihen

grabenkämpfe

himmlischer heiland
gewähre uns
dein gütiges augenzwinkern als antibiotikum
gegen aufrechner und kleinkrämer

grund unseres lebens
jeder streit hat seine gründe
jeder neid seine vorgeschichte
jede wunde ihre ursache

und offene rechnungen
die wie klappmesser
in hosentaschen schlummern
kommen auch nicht von ungefähr

im feuer deiner liebe
bitten wir dich
entschlacke unser leben
von gram und geiz
von neid und missmut
vom gift der verzagtheit

unser bodenloses misstrauen
möge in dir
einen festen grund finden
damit ruhe einkehren kann
in die grabenkämpfe
unseres lebens

stille nacht

in dieser nacht
in der gott kind wurde
beten wir für die älteren unter uns
müde ist manch einer geworden
weil die einsamkeit übermächtig ist
kräfte schwinden
schmerzen sich mehren
aussichtslose diagnosen
unser gottvertrauen erschüttern

abschiede auf friedhöfen
sind zum alltag geworden
selten sind engel in sicht
untröstlich sinnlos
kommen wir uns vor

in dieser nacht
in der gott kind wurde
beten wir für alle mütter dieser welt
die ratlos geworden sind
weil die verantwortung
tonnenschwer auf ihren seelen lastet
beratungsstellen viel zu lange
wartezeiten haben
väter ihren pflichten nicht nachkommen
auswege sich nicht von selbst anbieten

menschenkind
schenke beistand denen
die sich überfordert fühlen

in der nacht
in der gott kind wurde
beten wir für alle
die es schwer mit sich selbst haben
die darunter leiden
dass die liebe nicht mehr ist
was sie einmal war
deren zukunft nicht rosig aussieht
gerade in stillen nächten
lärmt die einsamkeit
besonders laut

schlachtfelder

wort gottes
ganz am rand
in einem stall zur welt gekommen
blühte dein leben auf

nicht überall gelingt das
geraten hoffnungen unter dornen
ist wachstum gefährdet
halten ängste herzen gefangen
wird das leben mit füßen getreten

dornenkronen hängen an weihnachtsbäumen
in beziehungen kränkt der spott
der neid streut sein gift unter kollegen aus

parteifreunde wetzen ihre messer

wort gottes
entwaffne die streithähne
rüste die besserwisserei ab
setze dem schmerz ein ende
schenke uns eine rose als stütze
ein kind in der krippe

greife unseren sorgen unter die arme
sende engel auf unsere schlachtfelder
wie es den hirten geschah
als sie ihnen ihr
fürchtet euch nicht
entgegensangen

wachsam bleiben

hier bleiben
bei dir bleiben sollten deine jünger
im garten gethsemane
als dir das wasser bis zum hals stand
du blut schwitztest
gebeten und gebettelt hast
der kelch des karfreitags
möge an dir vorübergehen

dreimal sollten deine jünger
die totenwache halten
stattdessen verschliefen sie
verrieten sie dich der reihe nach
machten sie sich aus dem staub

nur frauen und ein liebling
hielten stand unterm kreuz
drei gingen zum grab
mit ihren hoffnungsölen

hätten wohl wir
gebetet und gewacht
widerstand geleistet
uns zu dir bekannt
als das bekenntnis gefragt war

den splitter im auge der jünger sehen wir
den balken im eigenen leben erkennen wir nicht

deshalb bitten wir dich
bleibe hier und wache mit uns
damit wir wachsam bleiben
denn der feind schläft nie

aufleuchten

der herr
über licht und dunkelheit
er segne dich
er lasse den stern über bethlehem
in deinem leben aufleuchten

er behüte dich
und all deine kraft
die in dir steckt

der herr lasse leuchten sein angesicht über dir
er erleuchte dein herz
und schenke dir klarheit
auf deinem weg

er sei dir gnädig
er gewähre dir
den gütigen blick
für deine feinde

der herr erhebe sein angesicht über dich
und schenke dir frieden

einklang mit deiner wut
versöhnung mit deinen schatten
genügsamkeit mit
dem leuchten deines lichtes

jahreswende

so segne uns
im wechsel der zeiten
der gott der das leben liebt
und dem die engel dienen
dem weder mächte noch gewalten
etwas vormachen können

so segne uns der gott
der um unsere vergangenheit weiß
unsere gegenwart kennt
unsere zukunft sein will

so segne uns der gott
der unsere höhen und tiefen
unter seinen füßen zu spüren bekam
von seiner liebe
kann uns nichts trennen
die erschienen ist
in christus seinem sohn

eines ist gewiss
gottes liebe bleibt
wenn die jahre auch wechseln
sein friede ist höher
als unsere vernunft
in seinen händen
bleibt umfangen
was unserem leben entglitt
die toten haben
in unseren herzen eine bleibe
und in seinem reich
ein neues zuhause

kleingartenanlage

im gewitter meiner zerrissenheit
auf slalomkurs zwischen vielen seelen
die in meiner brust wohnen
habe ich sie verloren
meine ruhe der nacht
die gelassenheit des tagelöhners

die sorge
die jedem tag eigen ist
hat mit ihrem gift
meine zukunft gekapert

so bleibt mir nur
die bitte
um tägliches brot
und die hoffnung
dein wille möge geschehen
im himmel wie auf erden
und in der kleingartenanlage
meiner tollkühnheit

regelfall

guter gott
mit aussätzigen lass uns an einem tisch sitzen
mit denen die keiner mag
und die sich selbst nicht mögen
mit denen die ihr spiegelbild hässlich finden
und an ihrem gewicht verzweifeln

zwischen männern und frauen
eltern und kindern
alten und jungen
lass uns barrierefrei leben
trennungen überwinden
schuldzuweisungen beenden
wege der wertschätzung finden

guter gott
balsam für die seele
täte allen gut
nicht nur unseren toten

damit
die freunde des regelfalls
keine angst mehr
vor ausnahmen
haben müssen

segen für parteigänger

gütiger gott
herr der welt
segne du

apollos und paulus
katholiken und protestanten
juden und christen
freunde und feinde
alte und junge
reiche und arme
schwarze und weiße

sandbauer und steinbauer
ukrainer und russen
palästinenser und israelis

segne
unser sowohl als auch
unser entweder oder

segne den kompromiss
den nächsten schritt
die klugheit des klügeren

damit wir den frieden finden
den die welt
sich nicht selbst geben kann
und der in keinem
außenministerium wohnt

hin und her

hin und her
immer nur
hin und her

nie ganz hier
nie ganz dort
immer dazwischen

zwischen himmel und erde
zwischen dir und mir
zwischen allen stühlen

erst wenn
das herz schweigt
der atem stockt
werde ich ganz da sein

in deiner zeit
die dann nicht eilt
in deiner ewigkeit
die dann stillsteht

ganz bei dir
dem immanuel
dem gott mit uns
dem flüchtlingskind
das meine fluchten kennt

neues jerusalem

christus
wegweiser für wegsucher
berufene wollen wir sein
dich heraushören
aus dem stimmengewirr trüber zeiten
dein antlitz finden
ohne suchmaschine

sei unser navigationsgerät
entlohne unsere sehnsucht
mit aussicht auf heimat

wissen wir den weg auch nicht
du weißt ihn wohl

christus
fremdling unter menschen
die füchse haben ihren bau
du hattest keine bleibe
für zahnputzbecher und schmusedecke

spitze unsere ohren mit hellhörigkeit
wenn fremdlinge für wahlkämpfe
in stellung gebracht werden
wenn mensch und arbeit
sich entfremdet gegenüberstehen
wenn kapitalströme
wie salzsäure den weltmarkt fluten

christus
eckstein den die bauleute verworfen haben
wir bauen gerne mit
am neuen jerusalem
mit mauern und offenen toren
für gäste und ureinwohner
für musikalische und unmusikalische
für hartz-IV-empfänger und asylsuchende

bis zum sonnenuntergang
lass uns freiluftschach spielen
unter goldenen kuppeln wohnen
in einer stadt
vor der keine türsteher wache halten

bei dir
sind alle eingeladen
unter dem zeltdach
deiner mantelwarmen güte
nach hause zu kommen

kissen finden

jeder tag
ist ein streifen land
den ich aufreiße
mit dem pflug meiner hoffnung
um meine liebe
verschwenderisch
in ihn hineinzuwerfen

in jeder einzelnen
seiner stunden
mögen ihm gute früchte erwachsen
und in gottes himmlischen händen
meine zeit zur erfüllung kommen

spätestens in seinem reich
das ohne stunden
und tage auskommt
soll meine sehnsucht
nach verlässlicher heimat
ihr letztes kissen finden
angekommen
in der endstation ewigkeit
an einem ort ohne stechuhr

lachfalten

wenn ihr nun geht
erzählt aller welt von gottes wundern
der kinder ins leben rief
und sie vom gesalbten segnen ließ

der ein händchen
für verlorene söhne und töchter hat
und offene arme für alle
die ihr weg zur umkehr führt

höchste mauern
und eiserne vorhänge
bringt er unter fanfarenklang zum einsturz
höchstpersönlich verkündet er
gefangenen die freiheit

dieser sympathische gott
segne euch
auf euren triumphzügen und trampelpfaden
in euren untergängen und auferstehungen
sein freundliches angesicht
erleuchte eure lachfalten
bis zum himmel und zurück

in allem schenke gott
jedem ein munteres loblied
auf seinen lippen
und einen guten witz für die zeit
die in geselligen runden noch bleibt

ladenschluss

von alpha bis omega
von a bis z
buchstabieren wir
das alphabet des glaubens

zwischen himmel und erde
von der krabbelgruppe bis zum seniorenkreis
von der taufe bis zur beerdigung
vom karfreitag bis zur osternacht
vom altjahresabend bis neujahr
bitten wir dich gott
verwässere die zeitläufe
deiner vorsehung nicht
wehre in wirren zeiten
irrwitzigen wirtschaftskreisläufen
sonntäglichen ladenöffnungszeiten

spanne die flügel deiner geduld
über die uhrmacher unserer tage
der adler des evangelisten johannes
halte über unsere jungen seine fittiche
alles ja und amen
bewahre vor kurzschlüssen

stelle als windschutz
in angefochtenen tagen
deinen unergründlichen segen
unserer mürben vernunft zur seite

berechtigte hoffnung

du herr
willst mein hirte sein
es mangelt mir
an geduld und freude
an grünen auen und frischem wasser

du herr
willst meine seele erquicken
sie ist zu tode betrübt
kann die rechte straße nicht finden
im finsteren tal ist kein ende in sicht

du herr
tröstest mit stecken und stab
regierst nicht mit zuckerbrot und peitsche

ratlos stehe ich
mit zehn faustfingern
vor verschlossenen särgen
verstöre freund und feind
mit meinem heiligen zorn

salbe du mein haupt
mit dem nardenöl der zuversicht
im angesicht dunkler schluchten
erhelle meine trauer mit
berechtigter hoffnung

heimat

der herr segne dich
er lege mit dir ab
wenn dein schiff
den hafen verlässt

er berge dich
unter den flügeln
seiner morgenröte
wie der adler die jungen
unter seine fittiche nimmt

gottes angesicht
leuchte dir freundlich voraus
wenn stürme aufziehen
oder die melancholie
nachts dich ängstigt

unser auferstandener herr
gehe für dich durchs feuer
und über stürmische seen

denen die in der ferne verweilen
sei er mit seiner hilfe nahe
denen die bleiben
schenke der lebensfrohe
ein gebildetes herz
das erkennt
wie schön es
in der heimat ist

segen für die ewigkeit

bleibe bei uns herr
wenn wir zu unseren gräbern gehen
wenn wir blumen zwischen blätter legen
kerzen entzünden
gebete sprechen

bleibe bei uns herr
wenn wir von unseren toten reden
wenn wir ihre fotoalben sichten
geschichten erzählen
vergangenheit erinnern

bleibe bei uns herr
wenn wir von auferstehung träumen
wenn wir
das brot brechen
hände reichen
tränen trocknen

dein angesicht
leuchte über uns
dein friede
kehre in uns ein
deine ewigkeit
wohne unter uns

moralapostel

christus
moralapostel und bergprediger
wir sind zurückhaltend geworden
zeigefinger stecken verschämt
in hosentaschen
dein ich-aber-sage-euch verliert an schärfe
zwischen kaugummipapier
und taschentüchern

drehen wir verlegen däumchen

keiner will
dem anderen wehtun
keiner will
mit zu hohen ansprüchen
sich überfordern

vieles schreit zum himmel
hungerbäuche quellen auf
wundgeweinte kinderaugen blicken
aus tiefschwarzen kummerhöhlen
uns an

menschensohn
wäre es dir möglich
deine moral stärker
in unser herz zu pflanzen
und könnten gottes gebote
kleingläubigen gewissen
nicht zuverlässiger
auf ihre wackeligen beine helfen

knietief stehen wir
im schlamassel unzähliger verstrickungen
mehr denn je
erbitten wir den exodus
aus schuld und versagen
mit einer moral
die den sumpf unserer ausreden
trockenlegt

abendsegen

bleibe bei uns herr
denn es will abend werden
und der tag hat sich geneigt

schenke uns die ruhe der nacht
die aufgeregtheit des tages
lass von uns weichen

wenn wir zu bett gehen
stärke die erlahmten kräfte
verleihe uns eine bescheidenheit
die es uns genug sein lässt
den nächsten morgen
dankbar zu erwarten

backe für jeden tag
das nötige brot
mehr brauchen wir nicht zum leben
mehr brauchen wir nicht zum sterben

bleibe bei uns herr
und bei deiner ganzen kirche
bei den hoffnungsfrohen und lebensmüden
die zerstrittenen lade
an deinen runden tisch
sie mögen mitfeiern
was verheißen ist
ein versöhntes dasein
in deinem reich
ohne grenzen

weihnachten 21

ganz unten fing alles an
ohne ein dach über dem kopf
ohne ehering am finger
ohne wickelkommode im kinderzimmer

ganz unten fing alles an
mit ein paar hirten auf öden feldern
mit einem stern über der provinz
mit drei weisen
die dem könig von der fahne gingen

ganz unten fing alles an
ohne krankenversicherung
für die schwangere frau
ohne vaterschaftstest
für den gehörnten mann
ohne reiserücktrittsversicherung
für die ganze familie

ganz unten fing alles an
mit einem gott
der mensch wurde
einem kind das die welt retten wollte
einem bergprediger der gräbern entstieg

weihnachten
fängt heute noch
ganz unten an
mitten in meinem herzen

berühre mich

der herr segne
und berühre dich
er behüte dich
unter seinen engelsflügeln
und halte den himmel
stets für deine heimkehr offen

seine worte mögen
 in deine seele einfallen
wie wassertropfen
die erde begießen

unser gott
taufe deine tage und nächte
mit unendlicher güte
er bette deine sorgen
auf rosen

nach durchwachten tränennächten
lasse er deine schwermut
zu neuer hoffnung erblühen

befehlen

in deine hände
befehlen wir unseren geist
nicht erst am kreuz
nicht erst in der sterbestunde
schon mitten im leben
wollen wir uns
dir anbefehlen

wenn wir zurückgehen
in unserer häuser und wohnungen
kranke besuchen
lebensmüde trösten
vor freude in die luft springen

nimm in deine hände gott
was unseren entglittt
und stehe uns bei
wenn die zeit reif ist
für deine ewige heimat

mütterliche brust

wir nehmen in unser gebet
die mütter dieser welt
mit ihren sorgen um ihre kinder
mit aller zerrissenheit
zwischen beruf und familie
zwischen zu hause sein
und nicht zur arbeit gehen

wir nehmen ins gebet
die väter dieser welt
mit ihren sorgen um ihre kinder
mit aller zerrissenheit
zwischen beruf und familie
zwischen zu hause sein
und nicht zur arbeit gehen

wir nehmen ins gebet
alle brüder und schwestern
die familiären bande aus fleisch und blut
die keiner sich aussuchen kann

wo neid regiert schenke großzügigkeit
wo hass die herzen verhärtet hat
schenke kraft zur vergebung
wo die lüge ihr gift streut
sende das licht deiner wahrheit

wir nehmen ins gebet
die beziehungslosen
heimatlosen und verwahrlosten
die gerne mutter oder vater geworden wären
die gerne brüder oder schwestern
gehabt hätten

ihr mangel
ihre not
ihre verluste
mögen trost und befriedung finden
an gottes mütterlicher brust

abschied

wenn ihr geht
nach allem ringen und fragen
dann geht als gesegnete

wenn ihr geht
zwischen sturmwarnung und sturmstillung
dann geht als gehaltene

wenn ihr geht
mit brennenden herzen
dann geht
mit der schönen aussicht
dass der herr uns
täglich neu
seinen tisch deckt

mit brot und wein
mit wort und tat
mit gnade und segen